Psicopedagogia

Maria Cecilia Almeida e Silva

Psicopedagogia
A busca de uma fundamentação teórica

7ª edição

Paz & Terra

Rio de Janeiro
2024

©2010, Maria Cecilia Almeida e Silva

Revisão: Maria José de Sant' Anna
Diagramação: Spress Bureau
Capa: Miriam Lerner, sobre ilustração da Autora

CIP- Brasil. Catalogação na Fonte
Sindicato Nacional dos Editores de Livros, RJ

S578p
7ª ed.

Silvia, Maria Cecilia Almeida e
    Psicopedagogia : A busca de uma fundamentação teórica / Maria Cecilia Almeida e Silva – 7. ed. – Rio de Janeiro : Paz e Terra, 2024.

Inclui Bibliografia
ISBN 978-85-7753-113-4

I. Psicologia educacional. I. Título.

10-0257.

CDD: 370.15
CDU: 37.015.2

017205

EDITORA PAZ E TERRA LTDA.
Rua Argentina, 171 – 3º andar – São Cristóvão
20921-380 – Rio de Janeiro, RJ
Tel.: (21) 2585-2000

Seja um leitor preferencial Record.
Cadastre-se em www.record.com.br e receba informações sobre nossos lançamentos e nossas promoções.

Atendimento e venda direta ao leitor:
sac@record.com.br

2024
Impresso no Brasil / *Printed in Brazil*

*À memória de Carmen,
sinal de poesia, minha avó.*

Sumário

Apresentação 9
Agradecimentos 15
Introdução 17

1. Definição preliminar da psicopedagogia 23
   1.1. À procura dessa definição na literatura
        psicopedagógica 23
   1.2. À procura dessa definição através da análise da
        evolução da prática psicopedagógica 25

2. O objeto da psicopedagogia 31
   2.1. As várias dimensões do ser cognoscente 34
       2.1.1. A dimensão relacional, contextual e
              interpessoal do ser cognoscente 34
       2.1.2. A dimensão racional do ser
              cognoscente 36
       2.1.3. A dimensão desiderativa do ser
              cognoscente 39

2.2. Como se articulam as diferentes dimensões do ser cognoscente 44

3. A CONSTRUÇÃO DO EU COGNOSCENTE 49

4. DEFINIÇÃO COMPLEMENTAR DA PSICOPEDAGOGIA 59
   4.1. Os obstáculos à construção do eu cognoscente 60
   4.2. O processo psicopedagógico como um processo de reconstrução 64

CONCLUSÃO 67

REFERÊNCIAS BIBLIOGRÁFICAS 71

BIBLIOGRAFIA COMPLEMENTAR 77

Apresentação

São muitas as razões de minha alegria pelo convite da autora para apresentar este livro.

Há muitos anos tenho o privilégio de conviver com suas ideias, que emergem de um pensamento fervilhante, criativo e crítico. Foi nessa parceria e nas inúmeras discussões teóricas que mantivemos em todo esse tempo, que se teceram em mim muitas das convicções que ora defendo no campo da psicopedagogia.

Além disso, conhecendo, desde o seu nascimento, a obra que hoje se torna oficialmente editada, fico feliz em poder oferecer aos seus leitores uma pequena introdução que ratifique a importância de sua publicação.

Estávamos no final da década de 1980. A psicopedagogia, como um campo estruturado de saber, ainda engatinhava, tematizada através de exemplos práticos e experiências bem-sucedidas que, se por um lado, lhe permitiam caminhar na busca de um estatuto de cientificidade, por outro, ainda se mostravam muito incipientes para levá-la a ser um campo científico. Faltava-lhe trama teórica; faltava clarificação quanto ao seu objeto.

É exatamente nesse contexto que surge o trabalho de Maria Cecilia Almeida e Silva, na época apresentado e defendido como dissertação de Mestrado, no programa de Pós-Graduação em Educação da PUC-RIO, da qual tive a satisfação de ser orientadora.

Para poder ter em mãos elementos empíricos que lhe dessem subsídios ao desenvolvimento de um trabalho de natureza teórica, realizou, na antessala de sua construção, o levantamento e a análise exaustiva do que se publicara na época, bem como do material coletado em inúmeras entrevistas que fez com aqueles profissionais que detinham o fazer psicopedagógico e que se constituíam, e ainda se constituem, em profissionais de referência. Maria Cecilia buscou-os pelo Brasil, visitando os principais centros acadêmicos que se propunham a discutir o tema, realizando um trabalho preliminar que se constituiu, na época, no *estado da arte* da psicopedagogia.

Mais tarde, já com a dissertação defendida, encontrou interlocutores no tradicionalmente conhecido Laboratoire de Psychologie Génétique et Cognitive da Université Lumière de Lyon na França, dirigido pelo pesquisador Jean-Marie Dolle, onde suas ideias foram debatidas e, sobretudo, acatadas. Algumas das considerações que emergiram desse frutífero encontro estão contidas neste livro rico e instigante.

Ela não se furta à complexidade de seu propósito inicial, qual seja o de estar em busca da fundamentação teórica que faltava à psicopedagogia. Mas, com simplicidade, também não esconde que tem em mãos, pelo exame da literatura e da evolução da prática, apenas *uma procura*, nunca *um achado*. Entretanto, ao adentrarmos pelos seus capítulos, percebemos claramente que essa busca fez emergir um ponto fundamental: o delineamento do objeto da psicopedagogia.

Para tal, o estudo apresenta a trajetória da psicopedagogia desde seu surgimento, resultado de uma operação aditiva que uniu a psicologia à pedagogia. Com muita lucidez, mostra como se deram, a partir desse ponto de começo, as transformações por que passou a psicopedagogia, principalmente quando busca a contribuição de outros saberes. As reflexões que faz sobre essa trajetória levam a autora a prever para o campo psicopedagógico, em função do corte epistemológico essencial ao seu desenvolvimento como ciência, a necessidade de, num determinado momento dessa trajetória, dar um salto qualitativo que a conduza a um novo patamar de saber, só possível pela adoção de um novo paradigma, já que qualquer reducionismo paradigmático representaria, certamente, um retrocesso.

Na verdade, o livro todo discute o exercício desse caminhar, indo de uma definição somativa e aglutinadora de campos até chegar à formulação final, ou *quase-final*, uma vez que não se propõe a ser uma obra acabada, do objeto da psicopedagogia: o *ser cognoscente* e as dimensões que o constituem como partes dessa totalidade.

Este livro, escrito em sua primeira versão entre 1988 e 1989, pode parecer hoje, em plena pós-modernidade, quando se está acostumado a desconsiderar tudo o que não é atual, do dia ou do momento, que se trata de uma obra envelhecida, portanto, descartável. Ao contrário. Numa leitura cuidadosa, percebe-se que ela foi, sim, muito além de sua época e, desse modo, pareceu certamente ininteligível para muitos, porque se adiantava, no tempo e nas convicções, numa temática que só agora é comum ao campo da construção do conhecimento.

Aqui se faz uma observação. Em 1992, portanto três anos após Maria Cecilia ter defendido suas ideias como dissertação de Mestrado, Bärbel Inhelder, a grande colaboradora de Piaget, publica, com outros autores, a obra *Le Cheminement des découvertes de l'enfant*, na qual, no capítulo 1, fala sobre a necessidade de pensar as estruturas e os procedimentos psicológicos como indissociáveis, dentro do construtivismo.

Nessa mesma parte da sua obra, Inhelder se interroga quem é o sujeito psicológico, entendido como o sujeito que se opõe ao sujeito epistêmico. E ela mesma responde que o *sujeito do conhecimento* — certamente homólogo ao *ser cognoscente* proposto por Maria Cecilia como objeto da psicopedagogia — tem um sentido mais profundo e mais constante posto que é "um sujeito ativo e construtor do conhecimento, não só do universo mas de si mesmo". Ora, não é exatamente isso que Maria Cecilia propõe, ao dissecar as dimensões do *ser cognoscente*, trazendo, como mais um elemento clarificador, a contribuição da psicanálise, numa fina capacidade de juntar e convergir saberes? Só que ela o faz três anos antes...

Na realidade, a dissertação, posta agora em livro, está cada vez mais jovem e a razão é o frescor de suas ideias. É bom, pois, sabê-la escrita há dez anos, porque assim as repercussões que têm hoje a Teoria da Complexidade e a Teoria do Caos só vêm ratificar a sua atualidade e conferir o seu avanço.

Seu mérito maior fica, portanto, ancorado em dois pontos: a ousadia e o ineditismo de suas colocações e a clareza com que consegue trabalhar tema tão complexo.

Maria Apparecida C. Mamede-Neves
Rio de Janeiro, 25 de maio de 1998.

Agradecimentos

A todos aqueles que acreditam na utopia educacional e por ela lutam.

Introdução

A ideia de buscar uma fundamentação teórica para a psicopedagogia surgiu a partir da constatação de que a psicopedagogia no Brasil se encontra aparentemente numa fase de pré-saber com as características positivas deste estado, ou seja, se acha baseada numa empiria, numa opinião válida, numa experiência.

Japiassu (1977) caracteriza o pré-saber, relativamente ao saber que se procura, da seguinte forma:

"a) Caracterizações pejorativas: opinião, conhecimento comum ou vulgar.

b) Caracterizações positivas: empiria, experiência, por vezes artes, opinião válida etc.

c) Caracterização técnica de Foucault: 'episteme', infraestrutura cultural da emergência do saber propriamente dito" (p. 18).

Segundo Japiassu (1977), "antes do surgimento de um saber ou de uma disciplina científica há sempre uma primeira aquisição ainda não científica de estados mentais já formados de modo mais ou menos natural ou espontâneo. Eles constituem as opiniões primeiras ou pré-noções. Podemos caracterizar tais pré-noções como um conjunto falsamente sistematizado de juízos, constituindo representações esquemáticas sumárias formadas pela prática e para a prática, obtendo sua evidência e sua autoridade das funções sociais que desempenham. Como já dizia Aristóteles: 'Toda disciplina suscetível de se aprender e todo estudo comportando um processo intelectual constituem-se a partir de um conhecimento já presente'" (ap. Japiassu, 1977, p. 17).

Também Freud (1968 [1915]) ao definir o processo científico afirma que "sempre ouvimos dizer a seguinte formulação: uma ciência deve ser construída sobre conceitos fundamentais claros e nitidamente definidos. Na realidade, nenhuma ciência, mesmo as mais exatas, começa por tais definições. O verdadeiro começo de toda a atividade científica consiste primeiramente na descrição dos fenômenos que são em seguida reunidos, ordenados, classificados, relacionados" (p. 11).

Portanto, adotando-se esses pontos de vista, pode-se dizer que, antes de chegar aos enunciados, qualquer saber passa por um momento de indeterminação e que todo saber humano se relaciona a um pré-saber.

A falta de nitidez conceitual, a indefinição do *corpus* teórico psicopedagógico convive no Brasil com uma prática psicopedagógica com resultados bastante eficazes como acontece, por exemplo, no Centro de Estudos Psicopedagógicos do Rio de Janeiro (CEPERJ), dentre outros.

Esse aparente paradoxo só vem confirmar o estado de pré-saber da psicopedagogia que, entretanto, se faz importante e necessário. Se, contudo, a psicopedagogia ficar apenas nessa prática, ainda que eficiente, sem uma teoria consistente que a fundamente e sustente, acabará por perder sua especificidade e sua identidade e o psicopedagogo, em sua prática clínica, correrá o risco de se tornar apenas um auxiliar de ensino ou um professor particular "jeitoso".

Assim sendo, a psicopedagogia, atenta ao processo de construção de seu próprio conhecimento, deve empenhar-se na sistematização de pressupostos teóricos tendo em vista a estruturação de um saber psicopedagógico.

Mas em Bachelard (1971) vemos que não basta sistematizar a experiência, é necessário também um corte epistemológico para que se realize a passagem de um pré-saber para um saber. Para este autor, a experiência primeira, imediata, é um obstáculo epistemológico, ou seja, um obstáculo ao conhecimento, ao saber. O corte epistemológico consiste numa ruptura com a experiência primeira e a tomada do fenômeno de um ponto de vista qualitativamente diferente, ou seja, numa outra organização.

O saber, neste ponto de vista, contradiz a experiência comum, primeira, imediata porque, esta última, sendo feita de observações justapostas, chega a definições sumárias que são características do pré-saber, mas não chega aos enunciados. Falta à experiência primeira a perspectiva de "erros retificados" que caracteriza o saber.

Para Bachelard, a experiência imediata e usual mantém sempre uma espécie de caráter tautológico, ela se desenvolve no reino das palavras e das definições sumárias. Portanto, ainda segundo este autor, não é sistematizando experiências primeiras, organizando definições sumárias que se chega a um saber.

Neste sentido, Bachelard se opõe a Planck (1960), que diz que a ciência se contenta em prolongar o mundo do senso comum lhe trazendo ordem e regularidade sem diferença de natureza.

Parece-nos que Planck encontra oposição também em Piaget, para quem o conhecimento é constituído por operações que prolongam a ação mas que implicam reestruturações e reorganizações do fenômeno, donde uma mudança de qualidade que preserva o fenômeno mas o supera em uma outra organização. Em relação à não continuidade da experiência primeira para a construção de um saber, o pensamento de Piaget se assemelha ao de Bachelard porque a reestruturação piagetiana implica, de certa forma, uma ruptura, uma superação da experiência e não uma continuação, uma esquematização, uma sistematização.

Adotando, pois, a posição bachelardiana, na busca de uma fundamentação teórica para a psicopedagogia, não pretendemos organizar e sistematizar a prática psicopedagógica, mas buscar essa fundamentação tomando o fenômeno psicopedagógico de um ponto de vista qualitativamente diferente. O ponto focal deste trabalho é, portanto, uma definição do que acreditamos ser o objeto da psicopedagogia, a definição do homem como ser em processo de construção do conhecimento.

Para atingirmos esse objetivo, procuramos, no primeiro capítulo, estabelecer uma definição provisória e preliminar da psicopedagogia que pudesse servir como referencial para este estudo. Buscamos este referencial na literatura psicopedagógica (relacionada a estudos e publicações da Associação Brasileira de Psicopedagogia, fundada em 1984) e na análise do desenvolvimento da prática psicopedagógica no Brasil, que evoluiu pela modificação da sua visão da *aprendizagem como produto* para a *aprendizagem como processo,* processo este que identificamos como construção do conhecimento.

Focalizamos em seguida, no segundo capítulo, o que acreditamos ser o objeto da psicopedagogia — o ser em processo de construção do conhecimento, ou seja, *o ser cognoscente*. Percebemos que este ser é pluridimensional, apresentando dimensões racional, desiderativa e social que são *constituintes* nesse ser, o que nos permite defini-lo como pensante, apaixonado, de relação e contextualizado. Analisamos, então, a articulação dessas diferentes dimensões.

Em seguida, no terceiro capítulo, nos detivemos na organização do próprio sujeito cognoscente — o *eu cognoscente* —, analisando as vias de seu desenvolvimento em direção a sua autonomia.

Chegamos, então, no quarto capítulo, a uma definição complementar da psicopedagogia, e, a partir desta, mostramos como os obstáculos à construção do *eu cognoscente* emergem da forma de articulação de suas diferentes dimensões.

Finalmente, relacionamos a definição complementar da psicopedagogia com o processo psicopedagógico de reconstrução, integração e expansão do *eu cognoscente*.

1

DEFINIÇÃO PRELIMINAR DA PSICOPEDAGOGIA

Para estabelecermos uma definição preliminar da psicopedagogia, tomamos alguns caminhos investigativos. Procuramos levantar na literatura concernente obras de referência que dessem subsídios a este mister e, ao mesmo tempo, tentamos estabelecer o estado atual do conhecimento da psicopedagogia no Brasil.

Essa investigação nos mostrou quão indefinida é ainda a psicopedagogia. Os trabalhos são quase sempre voltados para o relato de experiências, estudos de casos, trabalhos descritivos nos quais a teoria surge como ponto de referência e não como fundamento. Nesses trabalhos, as definições que aparecem se referem à definição de aprendizagem e não à de psicopedagogia.

1.1. À procura dessa definição na literatura psicopedagógica

Segundo Mialaret (1987), "tanto a linguagem científica quanto a linguagem corrente estão cheias de expressões que aparecem num dado momento da história e são construídas mais ou menos logicamente em relação à etimologia ou à história e testemunham a importância mais ou menos durável de um campo científico, econômico, técnico ou político" (p. 5).

A quantidade de termos precedidos pelo prefixo "psi" é bastante grande: psicossociologia, psicofísica, psicolinguística, psicofarmacologia etc. A psicopedagogia faz parte deste conjunto.

Visca (1987), que exerceu e exerce uma influência fundamental na psicopedagogia no Brasil, tem como objetivo muito mais o *modus faciendi* psicopedagógico do que uma definição conceitual da psicopedagogia. Visca baseia a psicopedagogia numa "epistemologia convergente", termo que denomina sua conceituação de aprendizagem e suas dificuldades em função da integração por assimilação recíproca das contribuições das escolas psicanalíticas, piagetiana e de psicologia social de E. Pichon Rivière.

Na literatura psicopedagógica brasileira, o fenômeno se repete. Vemos desenvolvidos o histórico da psicopedagogia, a abordagem psicopedagógica da aprendizagem, a interdisciplinariedade na psicopedagogia etc. Mas a conceituação continua ausente.

Cremos que essa indefinição se deve ao fato já abordado na introdução de que o começo de toda atividadede científica consiste primeiramente na descrição dos fenômenos e, como já vimos, esta é uma das características do pré-saber. Portanto, estando nesta fase, a psicopedagogia é muito difícil de ser definida. Mas se tentarmos perceber sua evolução sem entretanto nos atermos a isso — pois não é a proposta deste trabalho a história da psicopedagogia — talvez possamos chegar pelo menos a uma definição de um tipo de psicopedagogia, essencial aos propósitos deste trabalho.

1.2. À procura dessa definição através da análise da evolução da prática psicopedagógica

A psicopedagogia surge no Brasil como uma das respostas ao grande problema do fracasso escolar e evolui de acordo com a natureza do seu objeto e dos seus objetivos.

No início, seu objeto são os sintomas das dificuldades de aprendizagem — desatenção, desinteresse, lentidão, astenia etc. — e, assim, seu objetivo é remediar estes sintomas. A dificuldade de aprendizagem seria apenas um mau desempenho, um produto a ser tratado. Além disso, a psicologia e a pedagogia são vistas como elementos justapostos e, dentro dessa perspectiva, a psicologia é apenas estimuladora, normativa e reguladora da vida intelectual. De acordo com essa visão, a psicopedagogia, na realidade, não seria um saber independente dotado de fundamentos próprios, mas uma síntese simplificada dos múltiplos conhecimentos psicológicos e pedagógicos. Entretanto, tratar os sintomas se revela insuficiente para o êxito escolar e começa-se, então, a entender com Teixeira e Genescá (1987) "o sintoma como sinal, produto, emergência de uma desarticulação dos diferentes aspectos da aprendizagem, a saber: o aspecto afetivo, o aspecto cognitivo e o aspecto social" (p. 30).

A partir do momento em que se passa a considerar os sintomas como valores relativos, a psicopedagogia muda de objeto. Não é mais somente o sintoma que se visa, não é mais o desempenho, os bons e maus resultados que são considerados, mas a gênese da aprendizagem. Assim, a psicopedagogia entra em uma nova fase, em que é possível dizer que seu objeto passa a ser o processo de aprendizagem, e seu objetivo, remediar ou refazer esse processo em todos os seus aspectos. Da mesma forma, a noção de psicopedagogia muda de qualidade e passa a ser percebida como um saber independente, tendo, é claro, seus próprios instrumentos corretivos e profiláticos.

Esse conhecimento independente e complementar estruturou-se, no Brasil, principalmente a partir da adoção das ideias do professor Jorge Visca.

Para Visca, a conceituação de aprendizagem e das dificuldades que possam existir no ato de aprender surgem da integração que o autor faz, por assimilação recíproca, das contribuições das escolas psicanalíticas, piagetianas, e de psicologia social de Pichon Rivière. Essa convergência é possível, segundo Teixeira e Genescá (1987), porque existem princípios que são adotados pelas três escolas. São eles: *"estruturalista* (a realidade é vista como uma rede de relações que produzem estruturas, totalidades que são sistemas e, como tal, possuem suas próprias leis e propriedades, independentemente das propriedades dos elementos que as constituem); *construtivista* (todo desenvolvimento é uma construção que se faz por permutas entre o sujeito e o meio por complexidade crescente em busca de um equilíbrio mais móvel ou de maior nível de integração); e *interacionista* (é na interação dialética que se constroem o sujeito e o objeto). A esses princípios respondem tanto o processo geral de aprendizagem como as aprendizagens particulares. De acordo com esse enfoque tem-se uma visão estrutural do ser humano, já que a aprendizagem se dá sobre a apreensão integrada dos aspectos cognitivos, afetivos e sociais" (p. 34).

No momento, nos parece que temos então condições de estabelecer uma definição preliminar da psicopedagogia que sirva como referencial para este estudo, porque temos noção de seu objeto e como ele se configura. Assim sendo, a psicopedagogia é um campo do conhecimento que, como o próprio nome sugere, implica uma integração entre a psicologia e a pedagogia tendo como *objeto* de estudo o processo de aprendizagem visto como estrutural, construtivo e interacional, integrando nele os aspectos cognitivos, afetivos e sociais do ser humano. A psicopedagogia tem, então, como objetivo, facilitar esse processo de aprendizagem removendo os obstáculos que impedem que ele se faça.

Por outro lado, quando a psicopedagogia considera a aprendizagem como processo, ou seja, quando trata da aprendizagem no momento em que ela se faz, se constrói — de uma maneira interativa, integrativa, estrutural e constante —, podemos então identificá-la com o processo de construção do conhecimento porque, em primeiro lugar, ambos se opõem à concepção de aprendizagem como produto que reduz o fenômeno aprender a um saber realizar, a um saber fazer, criando assim um vínculo de causa e efeito com o ensino. Em segundo lugar, porque ambos os processos rompem a ligação ensino — aprendizagem; porque tanto o aprender como processo quanto o processo de construção do conhecimento não têm relação necessária com o ensinar e finalmente porque ambos os processos antecedem e ultrapassam o ensinar.

Acreditamos, no entanto, que a identificação que fazemos de *aprendizagem como processo* e *processo de construção do conhecimento* seja à primeira vista bastante simplista. Porém, nessas circunstâncias, poderíamos proceder de duas maneiras: ou mergulhar na trama dos conceitos dos termos que constituem a relação; ou admitir a identificação a partir também da constatação que os termos *processo de construção do conhecimento* e *processo de construção da aprendizagem* são geralmente usados de maneira indiferenciada em trabalhos que atualmente sistematizam a prática psicopedagógica, como, por exemplo, no relatório da pesquisa. Essa constatação nos permite supor que a psicopedagogia em sua atual fase de saber independente se preocupa com o processo de construção do conhecimento, considerando-o como interativo, integrativo e estruturante, não sendo, portanto, segundo Piaget (1970), um estado que se alcança mas se encontrando num vir a ser. No entanto, se a psicopedagogia em sua definição preliminar tem como objeto de estudo o processo de aprendizagem que identificamos como o processo de construção do conhecimento, esse processo está ancorado, de alguma forma, no sujeito, porque o trabalho psicopedagógico não se dá entre o psicopedagogo e o processo de construção do conhecimento e, sim, entre psicopedagogo e o ser em processo de construção do conhecimento, ou seja, o ser cognoscente.

Assim sendo, preferimos estabelecer um corte com a definição preliminar de psicopedagogia tomando o fenômeno pedagógico de um ponto de vista qualitativamente diferente, ou seja, colocando o ser cognoscente como o objeto da psicopedagogia.

2

O objeto da psicopedagogia

Quando se pretende estudar a fundamentação teórica de um saber que está em vias de se construir, um dos caminhos é procurar definir seu objeto. É relevante assinalar que foi assim que Dürkheim organizou as "Regras do método sociológico" procurando definir o que para ele era o objeto da sociologia: o fato social.

Esse objeto que procuramos definir não aparece como um dado *a priori*, mas é construído de uma forma operativa e não contemplativa, ou seja, se monta a partir das características positivas do pré-saber psicopedagógico: empiria, opinião válida, experiências que deram certo, rompendo com os objetos da percepção comum e dos conhecimentos imediatos e, sobretudo, com sistemas relativamente coerentes e pensamentos generalizados de forma artificial (clichês, categorizações etc.).

É baseando-nos nessa noção de objeto construído de forma operativa que acreditamos que o objeto da psicopedagogia é o homem como ser em processo de construção do conhecimento, ou seja, o ser cognoscente.

Assim, a psicopedagogia poderia considerar o ser humano como uma unidade de complexidades, ou seja, como um ser pluridimensional com uma dimensão racional, uma dimensão afetiva/desiderativa e uma dimensão relacional, esta última implicando um aspecto contextual e um aspecto interpessoal. Este ser seria sujeito na construção do conhecimento e de sua própria autonomia e, ao mesmo tempo, determinado pelas dimensões racional, desiderativa e relacional que o constituem.

Ao defendermos que o homem pluridimensional é o sujeito na construção do conhecimento e de sua própria autonomia, não estamos nos colocando dentro de uma concepção idealista, individualista e subjetivista que vê o homem como sujeito absoluto do conhecimento e construtor único do objeto contra uma concepção mecanicista e objetivista que vê o homem como sujeito passivo, recipiente, contemplativo, cuja função é registrar o objeto. Estamos, sim, adotando a posição de Schaff (1987) que se opõe a estas duas concepções propondo um terceiro modelo baseado no princípio da interação sujeito — objeto, na qual tanto sujeito como objeto atuam um sobre o outro.

Entendemos objeto não apenas como coisas e pessoas, mas também como ideias, fatos, ideologias, cultura e conteúdos transmitidos na aprendizagem sistemática e, assim sendo, ousamos dizer que entendemos como objeto tudo o que não é sujeito na relação cognitiva, o que não quer dizer que estejamos "coisificando" o objeto, pois ele é também atuante nessa relação. Portanto, se na relação cognitiva tanto sujeito quanto objeto atuam um sobre o outro, o sujeito não pode ser passivo, ele é sempre ativo, introduzindo algo de si no conhecimento. Isso nos leva a concluir que no ser cognoscente existe uma dialética entre determinação e autonomia.

A autonomia está relacionada com a ação do sujeito. Quanto mais criadora e divergente em relação ao já instituído for essa ação, maior será a autonomia do ser cognoscente. Para Quiroga (1987), a atividade criadora associa e integra o que até então se apresentava fragmentado, e ao mesmo tempo desestrutura as formas previamente articuladas com vistas a uma nova organização.

A determinação do ser cognoscente está relacionada com as dimensões que o constituem. Assim sendo, esse ser é determinado por sua dimensão racional, por sua dimensão desiderativa e por sua dimensão relacional. Essas dimenssões, na medida em que determinam o ser cognoscente, são constituintes no processo de construção do conhecimento, de formas e intensidades diferentes, é bem verdade, mas todas — racional, relacional, desiderativa — são constitutivas no processo.

2.1. As várias dimensões do ser cognoscente

2.1.1. A dimensão relacional, contextual e interpessoal do ser cognoscente

A dimensão relacional contextual é constituinte no processo de construção do conhecimento, na medida em que o ser cognoscente é um ser social *contextualizado*, ou seja, determinado pelas condições materiais de existência em que vive na sociedade. Schaff (1987) esclarece que o fato de o sujeito ser "o conjunto de relações sociais" comporta consequências diversas, sensíveis também no domínio do conhecimento. Em primeiro lugar, uma articulação determinada do mundo, ou seja, a maneira de percebê-lo e distinguir nele determinados elementos, está ligada à maneira pela qual o sujeito constrói seus conceitos. Em seguida, os julgamentos são socialmente condicionados por sistemas de valores que, quando representados no sujeito, continuam possuindo um caráter de classe porque o ser cognoscente transforma as informações obtidas segundo o código das determinações sociais que penetram no seu psiquismo pela mediação de suas motivações conscientes e inconscientes e, sobretudo, pela mediação de sua ação sobre o objeto, sem a qual o conhecimento é uma ficção especulativa.

A dimensão relacional interpessoal é constituinte no processo de construção do conhecimento na medida em que o ser cognoscente é determinado pelas relações que estabelece com outros sujeitos. Essas relações incluem o sujeito e suas mútuas inter-relações configurando-se na "Teoria de ação comunicativa" proposta por Habermas. Essa teoria ultrapassa a inter-relação sujeito — objeto determinante do conhecimento e propõe uma relação mais ampla entre sujeitos como determinante na construção do conhecimento. Rouanet (1987) esclarece que a "ação comunicativa" parte das interações entre sujeitos, linguisticamente mediatizadas, e se dá na comunicação cotidiana, através de argumentação dos protagonistas, visando ao entendimento mútuo. Esse entendimento é alcançado quando o processo comunicativo — argumentativo chega a um consenso. Esse processo que mobiliza todas as dimensões do ser cognoscente tem como pano de fundo o mundo vivido, composto de evidências não tematizadas e certezas pré-reflexivas e de vínculos que nunca foram postos em dúvida, mas que, ao entrarem, explicitamente, no processo comunicativo, perdem o seu caráter de pressupostos inquestionáveis.

O inquestionável não é constituinte no processo de construção do conhecimento porque não é validado no processo argumentativo que conduz ao consenso.

É, então, na medida em que os pressupostos passam a ser questionados, entrando na relação comunicativa, através da confrontação dialógica de provas e contra-provas, argumentos e contra-argumentos, que esta relação comunicativa passa a ser constituinte no processo de construção do conhecimento, como a dimensão interpessoal do ser cognoscente.

2.1.2. A dimensão racional do ser cognoscente

A dimensão racional é constitutiva no processo de construção do conhecimento, na medida em que o ser cognoscente, através de sua ação sobre o meio, constrói suas próprias estruturas no prolongamento desta ação interiorizada. Diz Piaget: "a ação precede o conhecimento e este consiste numa organização, sempre mais rica e coerente, das operações que prolongam a ação no sujeito" (p. 38).

Portanto a *ação* do ser cognoscente sobre o objeto é o ponto de partida para a construção do conhecimento, mas este não ocorre sem a estruturação do vivido, ou seja, sem a formulação e enunciação de conceitos pelo sujeito.

A estruturação do vivido através das operações que o prolongam no sujeito, chegando à formulação e enunciação de conceitos, se dá para Piaget (1964) dentro de uma perspectiva genética, onde cada etapa é gênese da etapa seguinte. Assim, essa estruturação se constrói em diferentes níveis. Nos mais elementares a base da relação sujeito — objeto se faz através de experiências sensoriais e motoras e o conhecimento se reduz ao campo da motricidade. Numa etapa posterior o sujeito representa mentalmente o vivido e faz representações figurativas e um conhecimento se reduz a um conhecimento prático. Finalmente chega a um nível de trocas simbólicas podendo formular hipóteses através de operações combinatórias baseadas em enunciados verbais (proposições) em que o conhecimento se constitui numa lógica formal, quer dizer, aplicada a qualquer conteúdo.

Poderíamos acrescentar a essa lógica formal, a lógica dialética, pois esta não faz desaparecer aquela, mas, no entanto, se faz necessária quando é preciso passar para um grau superior de generalidade, em que existem as categorias de totalidade e de relações recíprocas. A lógica formal é imprescindível porque enquanto a estruturação do vivido é dialética, a sua expressão é sempre formal. Vieira Pinto (1969) esclarece que "o que é *pensado* (o grifo é nosso) dialeticamente tem que ser dito formalmente pois se acha subordinado às categorias da linguagem" (p. 185).

A ação do ser cognoscente pode ser melhor especificada se a decompusermos em:

- perceber
- discriminar
- organizar
- conceber
- conceituar
- enunciar.

Na gênese da construção do conhecimento, a ação existe sempre com todas essas especificidades. O que muda é sua qualidade, sua organização e seu funcionamento. O sujeito percebe, discrimina, organiza, concebe, conceitua, enuncia de modo sensório-motor, em seguida de modo simbólico, pré-conceitual, pré-operatório, operatório. Assim, durante o estágio sensório — motor, o sujeito concebe por imitação e depois pela reprodução diferida. Durante o estágio simbólico, a concepção se faz pelos jogos simbólicos.

Portanto, a dimensão racional é constituinte no processo de construção do conhecimento pela ação do sujeito cognoscente sobre o objeto e pela estruturação desta ação — estruturação do vivido — formulada em percepções, discriminações, organizações, concepções, conceitos e enunciados, que crescem em complexidade formando etapas com estruturações próprias, que servem de gênese para a etapa seguinte. Segundo Japiassu (1977), é assim que se estrutura o conhecimento, "na dialética dos ensaios e dos erros, nas retificações que introduzem as diferenças, nos fracassos que fazem surgir as contradições e nas sínteses que promovem os progressos" (p. 57).

2.1.3. A dimensão desiderativa do ser cognoscente

A dimensão desiderativa é constituinte no processo de construção do conhecimento na medida em que o ser cognoscente é determinado por um saber que ele não conhece, por um saber do qual ele não tem consciência. Lacan (1975) esclarece que a psicanálise veio nos anunciar que existe um saber que não se conhece, um saber que se sustenta do significante como tal.

O saber que se sustenta do significante é um saber desiderativo e inconsciente e seu sujeito se coloca como excêntrico em relação ao sujeito da razão.

Garcia-Roza (1984) mostra que a psicanálise nos aponta um sujeito fendido: aquele que faz o uso da palavra e diz "eu penso", "eu sou" e que é identificado por Lacan como o sujeito do significado, e aquele outro, sujeito do significante, que se coloca como excêntrico em relação ao sujeito do significado. Paralelamente a esta ruptura entre o sujeito do significado e o sujeito do significante, dá-se uma clivagem da subjetividade em consciente e inconsciente.

Na realidade, para Freud (1968 [1915]) o sujeito é um só, com sistemas de funcionamento diferentes: um pré-consciente / consciente e outro inconsciente, e podemos inferir que a fenda que se estabelece entre o sujeito do significado e o sujeito do significante se dá em função desta diferença de funcionamento.

Freud (1968 [1915]) justifica a hipótese do inconsciente dizendo que ela é necessária porque os dados da consciência são extremamente lacunares e que tanto no homem sadio quanto no doente são produzidos frequentemente atos psíquicos que, para serem explicados, pressupõem outros atos que não se beneficiam do testemunho da consciência. Esses atos são os atos falhos e os sonhos no homem sadio e os sintomas psíquicos e os fenômenos compulsionais no homem doente. Existem também ideias que ocorrem no sujeito sem que ele conheça sua origem. Existem ainda resultados de pensamento cuja elaboração permanece escondida. Esses atos conscientes permanecem incoerentes-incompreensíveis se o sujeito pretender que tudo o que se passa nele como ato mental tenha que ser percebido pela sua consciência.

Portanto, é necessário ir além da experiência imediata. O conhecimento consciente se encontra necessariamente por longos períodos em estado de latência (inconsciência psíquica).

Freud (1972 [1900]) ressalta a importância fundamental do inconsciente na vida mental dizendo que não se deve superestimar a consciência, pois a vida mental é essencialmente inconsciente. Para ele, o inconsciente é semelhante a um grande círculo que engloba o consciente como um círculo menor. Tudo o que é consciente passou por um estágio inconsciente.

Assim, parece claro que o ser cognoscente não é o senhor absoluto dos seus próprios pensamentos, porque o inconsciente pode existir sem a consciência posto que o inconsciente é a essência da vida mental, levando o homem pluridimensional cognoscente que consideramos objeto da psicopedagogia a ter dois sistemas de funcionamento: um sistema pré-consciente/consciente, lógico, intelectivo, funcionando em processo secundário e regido pelo princípio da realidade, e outro sistema inconsciente semiótico ou simbólico, desiderativo, funcionando em processo primário e regido pelo princípio do prazer, ou princípio do desejo. Estes dois sistemas de funcionamento com as suas especificidades perpassam todas as dimensões do homem. Logo, tanto a dimensão racional quanto a desiderativa e a relacional têm uma representação no aparelho psíquico e funcionam consciente e inconscientemente.

Vale lembrar esquematicamente as especificidades de cada sistema de funcionamento mental explicadas por Freud (1968 [1915]):

O Inconsciente é constituído por moções do desejo, a representação da "coisa" apenas. Seu funcionamento tem como características:
- ausência de contradição
- atemporalidade
- realidade psíquica sobrepondo-se à realidade externa
- regência do princípio do prazer.

O sistema Pré-consciente/Consciente é constituído pela representação consciente da "coisa" mais a representação da *palavra* que lhe pertence. Seu funcionamento tem como características:
- capacidade de comunicação entre os conteúdos das representações
- ordenamento temporal
- introdução da censura
- desafio da realidade
- regência do princípio da realidade.

É importante ressaltar que inconsciente e consciente se relacionam e cooperam e que o inconsciente, sendo um sistema de funcionamento, não é um abismo onde o consciente deposita tudo o que lhe perturba.

Assim sendo, a dimensão desiderativa é constituinte no processo de construção do conhecimento na medida em que o ser cognoscente é determinado por um saber inconsciente, instituído por moções do desejo.

Segundo Garcia-Roza (1984), a concepção do desejo em Freud diz respeito ao desejo inconsciente, fundamento de "fantasias", sonhos e sintomas, aparecendo, ao mesmo tempo, como "não dito" e "querer dizer", aspiração formulada e não reconhecida. O desejo, portanto, não deve ser confundido com necessidade que tende para um objeto preciso, nem com concupiscência, apesar de sua dimensão passional, e tampouco com mera demanda porque esta se dirige a um objeto, como procura de amor. A estrutura do desejo implica essencialmente a inacessibilidade do objeto e é precisamente isso que o torna indestrutível. Sendo inacessível, o objeto do desejo é um objeto perdido, uma falta, sempre presente, que faz com que o desejo procure se realizar através de uma série de substitutos que, no entanto, mantêm esta falta. A falta permanente leva o desejo a se renovar sempre e ser um dinamismo que trabalha no interior de todas as dimensões do homem.

Então, a dimensão desiderativa é constituinte no processo de construção do conhecimento, na medida em que o ser cognoscente é determinado por um saber inconsciente instituído por moções do desejo que trabalham dinamicamente em todas as suas dimensões.

2.2. Como se articulam as diferentes dimensões do ser cognoscente

As várias dimensões do ser cognoscente se articulam, regidas pelo princípio do desejo e pelo princípio da realidade, na dialética da autonomia e da determinação (heteronomia). Essa articulação é, assim, um processo conflitivo e complementar, no qual as diferentes dimensões, por terem especificidades próprias, não se fundem ou se excluem, mas se completam no confronto e no conflito. Por exemplo, o ser pensante, portanto lógico, se formula no possível, enquanto o ser apaixonado, desejante, se formula no impossível, porque o primeiro é mais regido pelo princípio da realidade e o segundo é mais regido pelo princípio do desejo.

Esse processo conflitivo e complementar se dá no próprio processo de construção do conhecimento definido, em sentido amplo, como estruturação e organização do meio através da ação e não da contemplação e, ao mesmo tempo, como estruturação e organização do sujeito cognoscente.

Assim, a dimensão racional, enquanto regida pelo processo secundário, caracterizando o ser pensante, se articula com a dimensão desiderativa, ajustando o desejo à realidade, fazendo da "fantasia" um objeto possível através do pensamento cogitativo (lógico) que organiza e dá concretude aos sonhos e "fantasias". A dimensão desiderativa, caracterizando o ser apaixonado, sendo a dimensão onde o desejo se constitui e desliza desverbalizado de representação em representação, se articula com a dimensão racional, na medida em que esta modula, pela palavra, o desejo desverbalizado. Essa modulação se dá, segundo Freud (1977 [1895]), quando, por uma modificação de investimento, ocorre uma mudança de estado e de qualidade, ou seja, o que era inconsciente, torna-se consciente, possibilitando o pensamento cogitativo, que é essencialmente baseado em índices verbais.

A dimensão relacional interpessoal, caracterizando o ser de relação, se articula com a dimensão desiderativa e com a dimensão racional, na medida em que a ação comunicativa é mediatizada pelo desejo que quer ser reconhecido pelo desejo do outro, ou seja, na argumentação própria da ação comunicativa o desejo do ser cognoscente se mistura com o desejo do outro.

A dimensão relacional contextual, caracterizando o ser contextualizado, se articula com a dimensão racional e com a dimensão desiderativa, na medida em que o desejo do sujeito singular é mediatizado por formas e significações sociais.

Por outro lado, sempre considerando que as dimensões se articulam na dialética da autonomia e da heteronomia, podem surgir distorções nesse processo conflitivo e complementar, que venham a bloquear a autonomia do ser cognoscente. Numa primeira variação, a dimensão desiderativa e a dimensão relacional contextual poderiam sobrepor-se à dimensão racional, tornando o ser cognoscente susceptível, por exemplo, à falsa consciência, às opiniões, às ideologias, ou seja, tornando-o heterônomo frente ao conhecimento. Werneck (1982) diz que na linguagem ideológica há sempre uma grande dose de paixão que conduz o sujeito que a expressa, refletindo uma subjetividade.

Outra variante seria a dimensão racional reprimindo a dimensão relacional e a dimensão desiderativa, tornando o ser cognoscente emissor de uma fala vazia, de uma fala justificativa e, mais uma vez, facilitando a heteronomia. Segundo Habermas (1980) "as ideias servem muitas vezes como esquemas justificativos de ações sem ter em conta os dados da realidade, seus móveis reais. No nível individual, esse processo chama-se racionalização; no nível da ação coletiva, denomina-se ideologia" (p. 308).

Na realidade, essas duas variações que conduzem à heteronomia se completam. A primeira, quando há uma dominância da dimensão desiderativa, diz respeito à formação inconsciente da ideologia. Para Althusser (1979) "a ideologia é, antes de tudo, um sistema de representações; mas essas representações, na maior parte das vezes, nada têm a ver com a 'consciência'; elas são quase sempre imagens, às vezes conceitos, mas é antes de tudo como estruturas que elas se impõem à imensa maioria dos homens, sem passar para sua 'consciência'"(p. 206).

A segunda variante, quando há uma dominância da dimensão racional, diz respeito à modulação dos conteúdos inconscientes pela palavra, ou seja, no caso, pela fala justificativa.

Essas distorções que aparecem na articulação entre as várias dimensões do ser cognoscente prejudicam a estruturação e a organização do meio, porque a ação do ser cognoscente heterônomo vai se tornar limitada, pouco criativa, conservadora e conformista. Ao mesmo tempo, a estruturação e a organização do sujeito cognoscente resultante desta ação regridem, instalando-o cada vez mais numa heteronomia cognitiva.

Vimos, então, que as diferentes dimensões do ser cognoscente se articulam na dialética da autonomia e da heteronomia. A autonomia advém da complementariedade das articulações e a heteronomia advém da distorção das articulações. Percebemos, no entanto, que, no confronto que possibilita a complementariedade, existe um núcleo organizador, ou seja, um núcleo que ajusta o desejo à realidade, que modula o desejo desverbalizado pela palavra. Como ressalta Dolle (1987), o homem é um na sua multiplicidade e múltiplo na sua unidade. É o eu (*je*) que unifica a diversidade.

Dolle (1987) diz ainda que a unidade do sujeito não é um dado primeiro, mas uma construção que ele opera indefinidamente com o meio. Logo, o núcleo organizador que possibilita a complementariedade advinda do confronto entre as diversas dimensões do ser cognoscente é o que passamos a chamar o eu do ser cognoscente, ou melhor, o eu cognoscente.

3

A construção do eu cognoscente

As diferentes dimensões do ser cognoscente, como vimos, se articulam num processo conflitivo e complementar (dialética de autonomia — heteronomia) impulsionado por um dinamismo — o desejo — numa ação que organiza e modifica o meio. Essa ação do sujeito tem como consequência a construção de conhecimento e, por seu caráter estruturante e totalizador, a construção do próprio sujeito cognoscente.

Mas esse sujeito cognoscente, por sua vez, possui um núcleo organizador que chamamos o eu cognoscente. Esse eu é o intermediário entre o desejo e a razão. Constituído basicamente por processos psíquicos secundários, funciona regido pelo princípio da realidade que permite perceber a possibilidade ou não da satisfação do desejo. Por outro lado, sua função organizadora implica capacidade de síntese e elaborações simbólicas.

É o eu cognoscente que permite ao sujeito cognoscente tomar-se a si próprio e assim construir e manter sua autonomia.

A construção do eu cognoscente tem como pano de fundo a gênese das estruturações cognitivas do ser pluridimensional (implicando, pois, a articulação entre as suas dimensões) e, como elementos necessários dessa construção, a linguagem e os movimentos simultâneos que constroem a autonomia do eu cognoscente.

Platão já dizia que o pensamento é uma "palavra silenciosa". Saussure (1987) precisa que "os filósofos e linguistas sempre concordaram em reconhecer que, sem o recurso dos signos, seríamos incapazes de distinguir duas ideias de modo claro e constante. Tomado em si, o pensamento é como uma nebulosa na qual nada é necessariamente delimitado. Não existem ideias preestabelecidas e nada é distinto antes do aparecimento da linguagem"(p. 130).

Freud (1977 [1895]) relacionando a linguagem verbal a três estilos de pensamento: prático, cogitativo e crítico, demonstra como esta linguagem é condição para o sujeito chegar às formas superiores de pensamento.

O pensamento prático, ligado ao funcionamento primário, tem como objetivo produzir o mais rapidamente possível o encontro com o objeto gratificante. Neste sentido, tudo o que causa desprazer é evitado por uma defesa primária do pensamento que anuncia que este caminho deve ser evitado. O pensamento prático tendo um funcionamento primário, ou seja, inconsciente, tem como conteúdo representações da "coisa" apenas, isto é, representações que não estão associadas à palavra. Essas representações, segundo Eksterman (1987), fornecem as primeiras matrizes simbólicas que produzem as informações necessárias para gerar mecanismos adaptativos. Esse nível de informação, que é elaborado em processo primário, constitui o pensamento prático caracterizando-se como pouco criativo e reprodutivo, correspondendo ao período pré-lógico de Piaget.

O pensamento cogitativo ligado ao funcionamento secundário renuncia à defesa do pensamento prático de evitar o desprazer. Nesse sentido, não se trata, então, de descobrir a via imediata para a satisfação, mas de explorar todas as vias associativas, estabelecendo conexões com o desejo originário. Embora o objeto do pensamento cogitativo seja o de auxiliar o pensamento prático, sua orientação é exploratória, buscando significados e objetivos.

Os objetivos do pensamento cogitativo são obtidos através da utilização da linguagem verbal. Para o pensamento cogitativo, a linguagem é constituinte porque este pensamento segue associações baseadas em índices verbais que possibilitam conexões num nível de abstração inacessível ao pensamento prático. Segundo Eksterman (1987), o que caracteriza este pensamento é o fato de a "representação primitiva (representação da coisa) transformar-se em consciência, ou seja, em saber consciente revolucionando a conduta, na medida em que de orientação adaptativa inconsciente, quase automática, abre através da consciência uma nova e criativa gama de possibilidades. É a palavra que desempenha este papel de tornar consciente". (p. 128).

O pensamento crítico também ligado ao processo secundário entra em cena quando surge um erro lógico ou psicológico. Com o objetivo de identificar o erro, o pensamento regride ao longo de toda a cadeia associativa até encontrar as conexões deficientes. Sendo ligado ao processo secundário, este pensamento também é baseado em índices verbais. O pensamento crítico é o pensamento se pensando e se repensando e o sujeito não pode tomar-se a si mesmo, construir o eu cognoscente, sem atingir o pensamento cogitativo e, sobretudo, o pensamento crítico. Logo, a linguagem transformando em consciência representações primitivas é um elemento necessário na construção do eu do sujeito cognoscente através do pensamento cogitativo e do pensamento crítico deste sujeito.

Freitag (1984) faz uma revisão da linguagem na versão moderna da psicogênese infantil de Piaget mostrando que, para este autor, a linguagem tem inicialmente um papel insignificante no processo psicogenético, isto é, no desenvolvimento das estruturas cognitivas, no estágio sensório-motor, transformando-se no decorrer da psicogênese em um fator estratégico no atingimento do período operatório, quando contribui para uma maior flexibilidade, facilitando a generalização do pensamento, e termina nos esquemas formais, como condição necessária e parte integrante das operações deste estágio. Segundo a autora, pensamento e linguagem, num estágio avançado da psicogênese, se integram cada vez mais, fundindo-se finalmente.

Desse ponto de vista, Piaget também apresenta a linguagem como necessária para o pensamento formal, que é o pensamento cogitativo e crítico por excelência, posto que consiste na formulação de hipóteses através de operações combinatórias em enunciados verbais.

Assim sendo, para tomar-se a si próprio, e para atingir um pensamento cogitativo e crítico, o sujeito precisa da linguagem. Freud e Piaget mostram que a linguagem é necessária a essas formas de pensamento; assim sendo, a linguagem é um elemento necessário na construção do eu cognoscente.

Paralelamente ao desenvolvimento da linguagem, acontecem movimentos simultâneos que caracterizam as vias do desenvolvimento gradativo do eu cognoscente em direção à sua autonomia.

Tomando como referência teórica os estágios do desenvolvimento da libido em Freud, os objetos parciais e o objeto total de M. Klein, o processo de individuação de Mahler, o pensamento paratáxico e sintáxico de Sullivan, o diagrama epigenético de Erikson e a gênese do desenvolvimento genético de Piaget, podemos considerar sete movimentos simultâneos:

Construção da Autonomia

Desorganização	→ Integração
Indiferenciação	→ Diferenciação
Simbiose	→ Individuação
Dissociação	→ Síntese
Realismo	→ Representação
Centralização	→ Descentralização
Percepção	→ Operação

1. Desorganização → Integração

No início de seu desenvolvimento, o sujeito percebe a realidade como quadros perceptivos e não estabelece relações entre essas percepções. Essas relações vão se estabelecendo gradativamente até se integrarem num conjunto. A não realização deste movimento leva à desagregação e à atomização, impedindo a construção do *eu cognoscente* que se configura como capaz de estabelecer relações e integrações.

2. Indiferenciação → Diferenciação

O sujeito, no início do seu desenvolvimento, não faz distinção entre ele e o mundo que o rodeia, ou seja, não diferencia o eu do não eu. Do ponto de vista da construção do *eu cognoscente*, esta indiferenciação parece estar ligada à intuição, ao pensamento intuitivo que não discrimina a realidade porque não se diferencia dela, dispensando por sua natureza a análise das partes, mantendo-se numa totalidade confusa e indiferenciada. Progressivamente, a diferenciação vai sendo construída.

3. Simbiose → Individuação

No início do seu desenvolvimento, o sujeito tem uma relação simbiótica com o objeto (mãe ou substituto). É necessário para que a individuação se faça que o sujeito se identifique com uma figura parental, introjetando o modelo e depois se separando dele. Assim sendo, a diferenciação que leva à individuação se faz através do processo de identificação. Em relação à construção do *eu cognoscente,* se a simbiose perdurar, o sujeito se manterá preso a modelos, mantendo um pensamento parasitário e logo sem autodeterminação.

4. Dissociação → Síntese

O sujeito, no princípio, percebe o objeto de forma dicotômica, ora bom, ora mau, estabelecendo assim uma dissociação. Pelo processo de desenvolvimento, passa a perceber que o mesmo objeto é bom e mau e percebe, então, o objeto total, estabelecendo uma síntese. A não realização deste movimento tem como consequência na construção do *eu cognoscente*, a incapacidade de síntese dialética, ou seja, a não incorporação das antinomias, porque haveria sempre a dispensa do objeto "mau" e a opção pelo novo objeto "bom", ou seja, uma incapacidade de reconhecimento das contradições num mesmo objeto.

5. Realismo → Representação

No início do seu desenvolvimento, o sujeito não diferencia significante e significado, ou seja, não representa através de uma imagem mental fenômenos e objetos que estejam fora de seu campo visual. Progressivamente, começando com a imitação na presença do objeto até a imitação na ausência deste, a representação vai se constituindo, tornando o sujeito apto a evocar um objeto ausente; em seguida, a criar mentalmente o objeto ausente chegando a estabelecer ligações entre essas criações. A representação é condição necessária para a aquisição da linguagem e esta é, como vimos, condição para a construção do conhecimento e para a construção do *eu cognoscente*.

6. Centralização → Descentralização

O movimento de centralização para a descentralização na teoria psicanalítica se faz em três etapas. Na primeira, a satisfação do desejo é obtida no próprio corpo do sujeito. Na segunda, quando o desejo é dirigido para um objeto que é a representação do próprio sujeito e, na terceira, quando o desejo se dirige para outro objeto, isto é, se descentraliza. Do ponto de vista da construção do *eu cognoscente*, a não realização deste movimento leva a um autismo do pensamento e da linguagem, incapacitando o sujeito ao confronto e à integração com o pensamento do outro.

Para Piaget (1985), a centralização está ligada a uma falta de diferenciação entre o próprio ponto de vista do sujeito e os outros pontos de vista possíveis e não a um individualismo intelectual determinando as relações com os outros, como pensam muitos autores. As consequências da não realização da descentralização para a construção do *eu cognoscente* são as mesmas apontadas pela teoria psicanalítica: autismo do pensamento e da linguagem incapacitando o sujeito ao confronto e à integração com o pensamento de outros.

7. Percepção → Operação

O sujeito pré-lógico baseia seu pensamento no que vê e na representação do que viu; logo, seus enunciados se limitam a observações e constatações determinadas pela percepção. No curso do desenvolvimento, o sujeito se desprende da percepção dos aspectos figurais e consegue operar em níveis cada vez mais abstratos. O *eu cognoscente,* quando não realiza essa transformação, fica impossibilitado de construir sua autonomia.

Esses movimentos simultâneos que caracterizam as vias do desenvolvimento gradativo do *eu cognoscente* em direção a sua autonomia não são lineares, posto que são inseridos na articulação entre as diferentes dimensões do ser cognoscente. Essa construção da autonomia tem, como correlata, a capacidade de síntese criadora e transformadora.

4

Definição complementar da psicopedagogia

Tendo em vista todas as discussões levantadas no corpo deste estudo, acreditamos agora poder retomar a definição preliminar da psicopedagogia e reconsiderá-la dentro de uma nova perspectiva.

A psicopedagogia é um campo do conhecimento que tem por *objeto* o ser cognoscente e por *objetivo* fundamental facilitar a construção da individuação e da autonomia do *eu cognoscente* identificando e clarificando os obstáculos que impedem que esta construção se faça.

SER COGNOSCENTE

EMOÇÃO

EU RELAÇÃO

RAZÃO

contextual
- intr. biológico
- extr. sociológico
interpessoal

4.1. Os obstáculos à construção do eu cognoscente

Dentro desta definição, os obstáculos à construção do *eu cognoscente* aparecem sob a forma de sintoma, ou seja, de um sinal que pode ser entendido como o produto emergente de uma desarticulação ou de uma má articulação entre as diversas dimensões do ser. Assim, não existiriam obstáculos lógicos ou desiderativos ou relacionais, mas uma desarticulação no confronto e na interação entre as diferentes dimensões. Portanto, o sintoma não seria mais o produto emergente de uma estrutura total e multifacetada topográfica, mas surgiria como uma construção que é produto emergente da forma de articulação entre as dimensões, ou seja, da estrutura funcional.

Esta forma de articulação entre as dimensões poderia ser uma má articulação, que levaria a uma falsa organização do *eu cognoscente*. Esta falsa organização seria uma defesa do *eu cognoscente,* homóloga portanto às defesas do ego, preservando sua organização, mas podendo criar o sintoma.

Assim, a *rigidez intelectual* seria um sintoma criado pelo *eu cognoscente,* para preservar sua organização e unidade. Este sintoma surgiria quando a dimensão lógica, não conseguindo interagir com a dimensão relacional contextual, criasse um pensamento legitimador semelhante à racionalização. Freud (1976 [1925]) define a racionalização (mecanismo de defesa egoica) como uma função intelectual que exige de todos os materiais que se apresentam ao pensamento, unificação, coerência e inteligibilidade, não temendo estabelecer conexões inexatas, quando, devido a certas circunstâncias, é incapaz de apreender as conexões corretas.

Podemos perceber que os mecanismos de defesa do ego e os mecanismos de defesa do *eu cognoscente* têm modos de funcionamento homólogos, mas podem vir a ter consequências diferentes. As defesas do ego equilibram o aparelho psíquico protegendo o ego; as defesas do *eu cognoscente,* também equilibrantes e protetoras, podem ocasionar a paralisação da ação do *eu cognoscente,* na medida em que, preenchendo as lacunas, impedem a busca de novas associações. Portanto, as defesas se tornam sintomas.

A *pouca iniciativa* e a *dificuldade de expressão* são sintomas que emergem quando a dimensão lógica corta as conexões com a dimensão desiderativa, desmotivando o ser cognoscente. A dimensão interpessoal reforçaria este corte, a partir do registro de um "rótulo" de incompetência percebido pelo *eu cognoscente*. A pouca iniciativa estaria ligada ao mecanismo de defesa do ego, o isolamento, que, segundo Freud (1976 [1925]), consiste em isolarmos um pensamento ou atitude das conexões que teriam com o resto da elaboração mental. A experiência ruim não é esquecida, em vez disso é destituída do seu afeto, e suas conexões associativas são suprimidas ou interrompidas de modo que permanece isolada, não sendo reproduzida nos processos comuns do pensamento.

A *perseveração na mesma tarefa* é também uma defesa do *eu cognoscente* que aparece em forma de sintoma, consistindo na repetição compulsiva do que não consegue ser elaborado ou cuja elaboração causa sofrimento na articulação das dimensões. Neste caso, a memória pode ter um papel negativo reforçando este mecanismo. A perseveração na mesma tarefa pode ser comparada à *compulsão à repetição* que é um mecanismo de defesa que consiste, para Freud, na repetição ativa de um trauma experimentado passivamente. Diz Freud (1976 [1925]): "O ego que experimentou o trauma passivamente, agora repete ativamente, em versão enfraquecida, na esperança de ser ele próprio capaz de dirigir seu curso. É certo que as crianças se comportam dessa maneira em relação a toda impressão aflitiva que recebem, reproduzindo-a em suas brincadeiras. Assim, ao passarem da passividade para a atividade tentam dominar suas experiências psiquicamente"(p. 192).

As *condutas de evitação da tarefa,* em lugar de condutas de enfrentamento, consistem num processo no qual o *eu cognoscente* perde grande parte da sua autonomia, tornando-se passivo e contemplativo. O *eu cognoscente* contemplativo é um obstáculo ao seu desenvolvimento; este obstáculo aparece rotulado, qualificado de "preguiça" e desinteresse. Na articulação entre as dimensões, este sintoma emerge porque a dimensão relacional, não conseguindo interagir com a dimensão lógica e desiderativa (devido, por exemplo, a um contexto extremamente incoerente e ilógico), leva o *eu cognoscente* a desenvolver uma espécie de anomia cognitiva, ou seja, uma ausência de normas essenciais ao pensamento.

As condutas de evitação se comparam à *restrição de ego* que em Freud (1976 [1925]) é o "mecanismo de defesa no qual o ego se vê envolvido em uma tarefa psíquica particularmente difícil, perdendo uma quantidade tão grande de energia que tem que reduzir o dispêndio da mesma"(p. 110). Nesse caso, o ego assume o papel de espectador.

O *vínculo negativo com a construção do conhecimento* é um sintoma que emerge da articulação das dimensões, quando a dimensão lógica, por exemplo, não conseguindo se relacionar construtivamente com as demais, por incapacidade estrutural, leva o *eu cognoscente* a depositar na ação de conhecer a causa desta incapacidade que gera sofrimento, criando um vínculo negativo com o processo de construção do conhecimento. Este sintoma está ligado ao mecanismo de *projeção* que, segundo A. Freud (1986), aparece quando o ego põe em evidência bodes expiatórios, pessoas ou coisas em quem projetou sentimentos de culpa que não consegue aceitar e elaborar. O ego, em vez de criticar-se, acusa os outros"(p. 105).

Como vimos, os obstáculos à construção do *eu cognoscente* surgem como sintomas que, por sua vez, emergem da forma como se articulam entre si as diferentes dimensões do ser, mas também da interação que elas, como um todo dinâmico, estabelecem com o objeto, e do prolongamento da inter-relação no *eu cognoscente*.

4.2. O processo psicopedagógico como um processo de reconstrução

O processo psicopedagógico de reconstrução se identifica com aquele de construção do *eu cognoscente*, implicando o fortalecimento do seu modo de funcionamento secundário e a reconstrução da sua capacidade de síntese, de integração, diferenciação, individuação, representação e descentralização, em última análise, a construção da sua autonomia.

Esta reconstrução tem como *a priori* a ação do sujeito diante do objeto, pois, como já vimos, ela é condição para o conhecimento. Portanto, colocar o sujeito em processo de conhecimento é colocá-lo em ação diante do objeto.

Para a reconstrução da capacidade de síntese do *eu cognoscente,* o processo psicopedagógico propicia, através da própria ação do sujeito, segundo a visão de Mamede-Neves (1988), uma *regressão*, ou seja, o aparecimento de tendências passadas, ou o reaparecimento de modos de funcionamento que foram modificados ou abandonados no curso do desenvolvimento, por exemplo, estereotipias, rigidez de pensamento etc. Essa regressão permite a volta a um processo primário de funcionamento, possibilitando a reativação de conflitos e um *retorno do desejo reprimido* que é *projetado* na figura do psicopedagogo que passa a desejar *com* o sujeito (e não *por* ele).

Ocorre simultaneamente o mecanismo de transferência, que é o processo pelo qual os desejos inconscientes se atualizam sobre determinadas pessoas com as quais se tem relação. Estes movimentos levam a uma aliança de trabalho, a uma ação conjunta com o psicopedagogo que permite então a identificação e a clarificação de situações conflitivas através do confronto (desafios que o psicopedagogo propõe), proporcionando ao sujeito a possibilidade de rever suas experiências e redimensioná-las em níveis de estruturação sempre mais complexos, ampliando assim sua capacidade de ação.

Assim sendo, este processo propicia a reconstrução, integração e expansão da capacidade de síntese do *eu cognoscente*, sedimentando sua autonomia.

A reconstrução se faz através de situações que permitem desmontar o sintoma e afastar os obstáculos à construção do *eu cognoscente*. Esse "desmontar" é possível pela regressão que propicia, a partir de determinado estágio, um "começar de novo" do processo evolutivo, possibilitando uma nova forma de organização entre as diferentes dimensões que formam o *eu cognoscente*. Esse "desmontar o sintoma" e "reconstruir o processo" tem como pano de fundo a ação interativa e de re-significação com os objetos que permeiam todo o processo psicopedagógico.

Logo, podemos dizer que o processo de reconstrução da capacidade de síntese do *eu cognoscente* é uma "cura" pela ação (uma *working cure*), se diferenciando da *talking cure* psicanalítica. É o modo de agir do *eu cognoscente* diante do objeto, no processo psicopedagógico, que permite que ele se re-signifique como sujeito capaz, criativo, interessante e autônomo.

4

Conclusão

A nossa intenção, no início deste estudo, foi partir em busca de uma fundamentação teórica para a psicopedagogia. Seria bastante pretensioso acreditarmos que a encontramos. No entanto, nos parece que, nesta busca, quando definimos o *objeto* da psicopedagogia e a partir dele chegamos a uma definição complementar desse campo de estudo, qualitativamente diferente da definição preliminar, talvez tenhamos conseguido levantar alguns questionamentos que possam servir de ponto de partida para o complemento dessa procura.

Ao enfatizarmos que a psicopedagogia tem como objeto o ser em processo de construção do conhecimento, ou seja, o *ser cognoscente*, não o definimos como uma totalidade acabada, posto que em processo de construção, mas num eterno vir a ser. Não sendo uma totalidade acabada, este ser apresenta dimensões racional, desiderativa e relacional que o constituem, nos permitindo defini-lo como contextualizado, de relação, pensante e apaixonado.

Assim sendo, se as suas diferentes dimensões são constitutivas, não são meros aspectos a serem considerados na construção do sujeito cognoscente, como parece apontar nossa definição preliminar.

Por outro lado, é na própria articulação entre suas dimensões e pela sua ação sobre o objeto que esse sujeito constrói um núcleo organizador autônomo, criativo e transformador — o *eu cognoscente*.

A construção desse núcleo organizador tem como elementos necessários a linguagem e os movimentos simultâneos que caracterizam as vias de desenvolvimento deste *eu*. Assim, a psicopedagogia, tendo por objetivo, em sua definição complementar, facilitar a construção do *eu cognoscente*, situa no sujeito a indagação psicopedagógica, mudando o enfoque em relação à definição preliminar que, tendo como objetivo facilitar o processo de construção do conhecimento, situa sua indagação no processo. Essa mudança de enfoque implica algumas considerações.

A inclusão da dimensão contextual como constitutiva e determinante no processo de construção do conhecimento e de construção do sujeito cognoscente impõe uma reflexão crítica ao saber psicopedagógico no seguinte sentido: se a psicopedagogia tem como objetivo facilitar a construção do *eu cognoscente*, tendo em vista a expansão da sua autonomia, esta só é possível se buscada na "brecha" da ação do ser cognoscente dentro das determinações das estruturas sociais.

Também nos parece que a inclusão da dimensão desiderativa, como constitutiva e determinante no processo de construção do conhecimento e de construção do sujeito cognoscente, talvez resulte num alargamento da indagação psicopedagógica para além do aspecto afetivo do ser humano considerado na definição preliminar da psicopedagogia. Esse alargamento se daria porque a dimensão desiderativa possibilita uma articulação maior e uma síntese mais ampla com as outras dimensões do ser, diferente, portanto, dos aspectos afetivos que correm o risco de assumir um caráter intimista e passivo.

Ainda a inclusão da dimensão racional, em vez da cognitiva como constitutiva e determinante no processo de construção do conhecimento e da construção do sujeito cognoscente, ressalta a diferença entre razão e cognição. A razão, a relação e o desejo são os elementos de uma totalidade que é a cognição. Assim o ser cognoscente não pode ter uma dimensão cognitiva pois uma *parte* não pode se identificar com o *todo*.

Podemos, finalmente, considerar que a inclusão da dimensão racional, mediatizada pelas outras dimensões, no processo de construção do conhecimento e de construção do sujeito cognoscente modifica a qualidade da ação deste sujeito. Essa mudança se dá de uma ação puramente racional e volitiva para uma ação de um ser desejante e de um ser contextualizado e, assim sendo, este ser objeto da psicopedagogia não é o ser do racionalismo triunfante, senhor absoluto do seu próprio conhecimento ou o ser epistêmico desvinculado das estruturas sociais que o determinam, mas um ser dramático porque contextualizado, de relação e apaixonado.

Referências bibliográficas

ALTHUSSER, L. *A favor de Marx*. Rio de Janeiro: Zahar Editores, 1979.

BACHELARD, G. *A epistemologia*. São Paulo: Martins Fontes, 1971.

_____. *La Formation de l'esprit scientifique*. Paris: J. Vrinyl, 1977.

CIFALI, Mireille & MOLL, Jeanne. *Pédagogie et psychanalyse*. Paris: Bordas, 1985.

DICIONÁRIO DE PSICOLOGIA. GAUQUEUN, M.G. (et al.). São Paulo: Verbo, 1978.

DOLLE, J.M. *Au delà de Freud et Piaget*. Toulouse: Privat, 1987.

DURKHEIM, E. *Les Règles de la méthode sociologique*. Paris: PUF, 1977.

EKSTERMAN, A.J. A metapsicologia de Freud. *In* FREUD, S. *Neurose de transferência: uma síntese*. Rio de Janeiro: Imago, 1987.

ERIKSON, E. *Infância e sociedade*. Rio de Janeiro: Zahar Editores, 1976.

FASCE, J. Introdução. *In* VISCA, J. *Clínica psicopedagógica — epistemologia convergente*. Porto Alegre: Artes Médicas, 1979.

FREITAG, B. *Sociedade e consciência: um estudo piagetiano na favela e na escola*. São Paulo: Cortez, 1984.

FREUD, A. *O ego e os mecanismos de defesa*. Rio de Janeiro: Civilização Brasileira, 1986.

FREUD, S. A interpretação dos sonhos (1900). *In Edição standard brasileira*. Rio de Janeiro: Imago, 1972, v. IV e V.

_____. Extratos dos documentos dirigidos a Fliess, carta 105. *In Edição standard brasileira*. Rio de Janeiro: Imago, 1977, v. I.

_____. Inibições, sintomas e ansiedade (1925). *In Edição standard brasileira*. Rio de Janeiro: Imago, 1976, v. XX.

_____. *Métapsychologie*. Paris: Gallimard, 1968.

_____. *Projeto para uma psicologia científica* (1950) (1895). *In Edição standard brasileira*. Rio de Janeiro: Imago, 1977, v. I.

GARCIA-ROZA, L.A. *Freud e o inconsciente*. Rio de Janeiro: Zahar Editores, 1984.

GOLBERT, S. Considerações sobre a atividade dos profissionais em psicopedagogia na região de Porto Alegre. *Boletim da Associação Estadual de Psico-*

pedagogos de São Paulo, São Paulo, n. 8, pp. 11-23, ago. 1985.

HABERMAS, J. Teoria analítica da ciência: dialética do conhecimento e interesse. *In Os pensadores.* São Paulo: Abril Cultural, 1980.

JAPIASSU, H. *Introdução ao pensamento epistemológico.* Rio de Janeiro: Francisco Alves, 1977.

KIGUEL, S.M. Abordagem psicopedagógica da aprendizagem. *In* SCOZ (et al.) *Psicopedagogia: o caráter interdisciplinar na formação e atuação profissional.* Porto Alegre: Artes Médicas, 1987.

KLEIN. M. Algumas conclusões teóricas sobre a vida emocional do bebê. *In* RIVIÈRE, J. (org.) *Os progressos da psicanálise.* Rio de Janeiro: Guanabara, 1982.

_____. Sobre a observação do comportamento dos bebês. *In* RIVIÈRE, J. (org.) *Os progressos da psicanálise.* Rio de Janeiro, Guanabara, 1982.

LACAN, J. *Le Séminaire, Livre XX, Encore.* Paris: Seuil, 1975.

LEIF, J. & JUIF, P. *Psychologie et éducation.* Paris: Fernand Nathan, 1983.

MAHLER, M. O *processo de separação e individuação.* Porto Alegre: Artes Médicas, 1982.

MAMEDE-NEVES, A. Conferência sobre o tema "Psicanálise e psicopedagogia: invasão ou colaboração". Rio de Janeiro, UERJ dezembro 1988.

MAMEDE-NEVES, M.A.C. (coord.). O *ensino da matemática e o desenvolvimento das estruturas cognitivas operatórias.* Projeto PADCT, 1985-1987.

_____. *Psicopedagogia, um só termo e muitos significados.* Mimeo, 1987.

MASINI, E. Orientação psicopedagógica. *Boletim da Associação Estadual de Psicopedagogos de São Paulo,* São Paulo, n. 5, p. 24-28, ago. 1984.

MERY, J. *Pedagogia curativa escolar e psicanálise.* Porto Alegre: Artes Médicas, 1985.

MIALARET, G. *La Psycho-pédagogie.* Paris: PUF, 1987.

NOT, L. (et al.). *Psychologie du développement à l'usage des éducateurs.* Toulouse: Université de Toulouse-Le Mirail, 1984.

PIAGET, J. Commentaires sur les remarques critiques de Vygotsky. *In* SCHNEUWLY, B. & BRONCKART, J.P. (org.) *Vygotsky aujourd'hui.* Paris: Delachaux et Niesdé, 1985.

_____. *O estruturalismo.* São Paulo: Difel, 1979.

_____. *Fazer e compreender.* São Paulo: Melhoramentos, 1978.

_____. *Introduction à l'epistémologie génétique.* Paris: Editions Gonthier, 1970.

_____. *Six études de prychologie.* Paris: Denoel, 1964.

PLANCK, M. *Autobiographie scientifique et derniers écrits.* Paris: Ed. Albin-Michel, 1960.

QUIROGA, A. Revisão histórica: a trajetória dos autores e de suas obras. *In O processo educativo segundo Paulo Freire e Pichon-Rivière*. Seminário promovido e coordenado pelo Instituto Pichon-Rivière de São Paulo. Petrópolis: Vozes, 1987.

ROUANET, S.P. *As razões do Iluminismo*. São Paulo: Companhia das Letras, 1987.

_____. *A razão cativa*. São Paulo: Brasiliense, 1987.

_____. *Teoria crítica e psicanálise*. Rio de Janeiro: Tempo Brasileiro, 1986.

SAUSSURE, F. *Curso de linguística geral*. São Paulo: Martins Fontes, 1987.

SCHAFF, A. *História e verdade*. São Paulo: Martins Fontes, 1987.

SCHNEUWLY, B. & BRONCKART, J.P. *Vygotsky aujourd'hui*. Paris: Delachaux et Niesdé, 1985.

SCOZ, B. (et al.) *Psicopedagogia: o caráter interdisciplinar na formação e atuação profissional*. Porto Alegre: Artes Médicas, 1987.

SULLIVAN, H.S. Uma terceira perspectiva da adolescência. *In* GALLATIN, J. *Adolescência e individualidade*. São Paulo: Harbra, 1978.

TEIXEIRA, M.L. & GENESCÁ, A M. Documento-base do grupo de controle. In MAMEDE-NEVES, M.A.C. (coord.) O *ensino da matemática e o desen-*

volvimento das estruturas cognitivas operatórias. Projeto PADCT., 1985-1987.

VIEIRA PINTO, A. *Ciência e existência.* Rio de Janeiro: Paz e Terra, 1969.

VISCA, J. *Clínica psicopedagógica: epistemologia convergente.* Porto Alegre: Artes Médicas, 1987.

WERNECK, V. *A ideologia na educação.* Petrópolis: Vozes, 1982.

WINNICOTT, D.W. *A criança e o seu mundo.* Rio de Janeiro: Zahar Editores, 1985.

Bibliografia complementar

BACHELARD, G. *La Philosophie du non*. Paris: PUF, 1975.

BARTHOLY, M.C & DESPIR, Y.P. *Le Psychisme*. Paris: Magnard, 1985.

BERMAN, M. *Tudo que é sólido desmancha no ar*. São Paulo: Companhia das Letras, 1986.

BETTELHEIM, B. *Freud e a alma humana*. São Paulo: Cultrix, 1982.

BOURDIEU, P. & PASSERON, J.-C. *La Reproduction*. Paris: Les Editions de Minuit, 1970.

BRASIL, C.N.V. *O jogo e a constituição do sujeito na dialética social*. Rio de Janeiro: Forense Universitária, 1988.

BRINGUIER, J.C. *Conversations libres avec Jean Piaget*. Paris: Editions Robert Laffont, 1977.

BUNGE, M. *Epistémologie*. Paris: Maloine Editeur, 1983.

CANDAU, V.M. *Rumo a uma nova didática*. Petrópolis: Vozes, 1988.

CANGUILHEM, G. *O normal e o patológico*. Rio de Janeiro: Forense Universitária, 1982.

DOLLE, J.M. *De Freud a Piaget*. Lisboa: Moraes Editora, 1979.

EY, H. *La Conscience*. Paris: PUF, 1963.

FILLOUX, J.-C. *O inconsciente*. São Paulo: Martins Fontes, 1988.

FREIRE, P. & PICHON-RIVIÈRE, E. *O processo educativo*. Petrópolis: Vozes, 1987.

FREUD, S. *Cinq leçons sur la psychanalyse*. Paris: Payot, s/d.

_____. *Totem et tabou*. Paris: Payot, s/d.

_____. *Introduction à la psychanalyse*. Paris: Payot, s/d.

_____. *Ma vie et la psychanalyse*. Paris: Gallimard, s/d.

GALLATIN, J. *Adolescência e individualidade*. São Paulo: Harbra, 1978.

HABERMAS, J. *Connaissance et intérêt*. Paris: Gallimard, 1976.

HUISMAN, D. *Dictionnaire des philosophes*. 2 v. Paris: PUF, 1984.

JACCARD, R. *Histoire de la psychanalyse*. Paris: Hachette, 1982.

JAPIASSU, H. *Interdisciplinaridade e patologia do saber*. Rio de Janeiro: Imago, 1976.

_____. *O mito da neutralidade científica*. Rio de Janeiro: Imago, 1975.

JURANVILLE, A. *Lacan e a filosofia*. Rio de Janeiro: Jorge Zahar Editor, 1989.

KALIVODA, R. & HOROWITZ, D. *Psicanálise e sociologia*. São Paulo: Nova Crítica, 1969.

KONDER, L. *O que é dialética*. São Paulo: Brasiliense, 1982.

KUPFER, M.C. *Freud e a educação*. São Paulo: Scipione, 1988.

LACAN, J. *Le séminaire, Livre XI, Les Quatre concepts fondamentaux de la psychanalyse*. Paris: Seuil, 1969.

_____. *Télévision*. Paris: Seuil, 1974.

_____. *Le séminaire, Livre I, Les Écrits techniques de Freud*. Paris: Seuil, 1954.

LAGACHE, D. *La psychanalyse*. Paris: PUF, 1982.

LAPASSADE, G. *L'Entrée dans la vie*. Paris: Les Editions de Minuit, 1971.

MAMEDE-NEVES, A. *O aparelho psíquico*. Mimeo. 1985.

MAMEDE-NEVES, M.A.C. *O conceito de sublimação na teoria psicanalítica*. Rio de Janeiro: Rio, 1977.

MEZAN, R. *Freud: a trama dos conceitos*. São Paulo: Perspectiva, 1987.

MILLOT, C. *Freud antipedagogo*. Rio de Janeiro: Jorge Zahar Editor, 1987.

NOT, L. *Perspectives piagetiennes*. Toulouse: Editions Privat, 1983.

PAIM, S. *A função da ignorância*. v. 1 e 2. Porto Alegre: Artes Médicas, 1987.

PAIM, S. & ECHEVERRIA, H. *Psicopedagogia operativa*. Porto Alegre: Artes Médicas, 1987.

PASCHE, F., FETIDA P., GRANIER, J. *Metapsychologie et philosophie*. Paris: Editions "Les Belles Lettres", 1985.

PENNA, A. G. *Introdução à psicologia cognitiva*. São Paulo: EPU, 1984.

PIAGET, J. *Problemas de psicologia genética*. Lisboa: Publicações Dom Quixote, 1983.

PICHON-RIVIÈRE, E. *Teoria do vínculo*. São Paulo: Martins Fontes, 1986.

PONTALIS, J.-B. *Après Freud*. Paris: Gallimard, 1968.

RAMOZZI-CHIAROTTINO, Z. *Psicologia e epistemologia genética de Jean Piaget*. São Paulo: EPU, 1988.

_____. *Em busca do sentido da obra de Piaget*. São Paulo: Ática, 1984.

RICOEUR, P. *Interpretação e ideologias*. Rio de Janeiro: Francisco Alves, 1977.

SAVIANI, D. *Educação: do senso comum à consciência filosófica*. São Paulo: Cortez, 1980.

SEGAL, H. *Introdução à obra de Melanie Klein*. Rio de Janeiro: Imago, 1975.

VELHO, G. *Desvio e divergência*. Rio de Janeiro: Zahar Editores, 1981.

Este livro foi impresso na Divisão Gráfica da
DISTRIBUIDORA RECORD DE SERVIÇOS DE IMPRENSA S.A.
Rua Argentina, 171 - Rio de Janeiro/RJ - Tel.: 2585-2000